DIBUJAR

ESPACIOS

Miguel Ángel Ballarín Badía

Reflexiones sobre el amor y la vida

© 2025 **Europa Ediciones** | Madrid
www.grupoeditorialeuropa.es

ISBN 9791256960514
I edición: marzo del 2025
Distribuidor para las librerías: **CAL Málaga S.L.**

Impreso para Italia por *Rotomail Italia S.p.A. - Vignate (MI)*
Stampato in Italia presso *Rotomail Italia S.p.A. - Vignate (MI)*

Reflexiones sobre el amor y la vida

Este libro está dedicado a las personas que han llenado mi existencia, ante quienes me reconozco, a las que se reconozcan en mis palabras y, especialmente, a las que me han acercado ese oscuro objeto del deseo, que no sólo puede adoptar diversos nombres, sino que puede acoger distintas facetas en cada uno de ellos y, sin embargo, tengo total certidumbre de que es único. Un sólo ideal que perseguimos a la luz de nuestras noches y en la tiniebla de nuestros días, que acaso se nos insinúa o queremos ver en el flash de una soñada sonrisa, un gesto, una mirada.

Los que dicen que el primer amor es el que más se recuerda, que marca y condiciona nuestra existencia, están en lo cierto, al igual que quienes dicen que el amor más importante es el último, pues es la culminación y refrendo de los precedentes. En todo caso, ¿no se trata del mismo y único amor?

Quiero agradecer a mi esposa Maria Pilar, su paciencia y apoyo dando sentido con su ejemplo a la frase de **Love story** *"amor es no tener nunca que decir lo siento"*

A la selectora de textos Antonella Donatti, el haber apostado por esta obra.

"El mayor error del ser humano es tratar de sacarse de la cabeza aquello que no sale del corazón".

Mario Benedetti

Un mundo perfecto es una entelequia. Si bien la perfección es la meta, la imperfección suscita la lucha que da sentido a la existencia.

Gotas de lluvia en un estanque lleno, estas palabras son impelidas por la necesidad de obviar que la última haya sido **dicha**.

CONTENIDOS

PRÓLOGO

Reflexiones sobre el amor y la vida es una colección de versos en los que el autor recorre las distintas etapas de un sentimiento universal, el amor, visto en sus diversas facetas, como un sentimiento fuerte, apasionado, romántico y a veces casi melancólico. La obra se divide en tres secciones (*Desde mi destierro, Reflexiones y Sensaciones*), en cada una de las cuales encontramos el amor analizado desde un punto de vista específico.

En cada poema es palpable la necesidad del autor de dar voz y explicación a un sentimiento tan noble como misterioso; cada lectura nos sumerge en un torbellino de emociones sin espacio ni tiempo, expresadas con un estilo romántico y literario que recuerda a la poesía romántica española. En el poema *¿Qué es el amor?* el autor nos lo describe como "[...] una esencia vital poderosísima [...]", capaz de poner el sol en un día de niebla.

El autor recorre las etapas del amor joven ("Éramos al fin/como un valle virgen/al que no llegaba ningún camino/ninguna carretera" en *La Juventud*), el amor maduro ("El despiadado Cronos que todo lo arruina,/tiene que correr el telón cuando estemos muertos" en *La Madurez*) y el amor senil ("Envejecer es [....]/Dejar atrás ilusiones y esperanzas" en *Senectud*); analiza todo aquello a lo que se refiere el amor (*Vida, Muerte*), todo lo que lo alimenta y el sufrimiento que conlleva (*Ausencia, Nostalgia*).

El estilo utilizado es fluido y lineal. Hay anáforas (como en *Migración, Tú y yo*), metáforas ("[...] y un dolor que me quemaba/como un fuego" en *Despecho*; "[...] tus cristalinos ojos/son como profundos/estanques en cuyo fondo/habitan las utopías" en *Los ojos*) y aliteraciones

que hacen que el ritmo sea cantable y facilitan la usabili-
dad del mensaje.

GÉNESIS DE LA OBRA

Un joven provisto de un ramo de rosas, se dirige a declarar su amor a la chica de sus sueños.

Rechazado, el joven arroja el ramo en el primer contenedor que encuentra, de camino a la casa de su mejor amigo a quien cuenta su desgracia.

–¡Cómo pudo ser tan insensible! – se lamenta. A lo que el amigo replica: –¡Cómo pudiste ser tan insensible tú al arrojar a la basura un ramo de rosas frescas!

Dispuesto como si de un relato se tratara, este libro es un ramillete hecho con las flores que fueron quedando desvalidas en mis manos durante el azaroso camino de la juventud, junto con maduras espigas de reflexión, a fin de que difunda su aroma y sirva acaso de modelo para confeccionar otros más frescos pues, al final de todo camino, se vislumbra el comienzo de uno nuevo.

SÓLO PARA MÍ

Este libro está escrito sólo para mí.

Con el pudor del onanista
o del que oculta su llanto.
Con la consolidada resignación de quien viene de vuelta.
Sin pretensiones.
Con la persuasión de que todo está ya escrito.
Sin causa, bandera, religión…
erudición, ni complejos.
Sin mérito alguno ni formación previa.
Con la perentoria originalidad del que parte de cero.
Sin alineamientos ideológicos, estéticos, sociales…
Con la marginalidad del indocumentado.
Está escrito
desde las antípodas del sermón religioso, el mitin político
o la arenga militar,
como quien, encerrado en el lavabo,
examina su cuerpo desnudo,
sin poses ni ocultaciones,
sin exhibicionismo ni recato,
fobias ni filias,
refrendo ni reproche,
vanagloria ni conmiseración.
Sin pena ni gloria.
Sólo para mí
que es la única forma auténticamente sincera
de escribir.
Porque sólo soy realmente yo
cuando dejo fuera toda circunstancia,
todo objetivo,
flash y apariencia.

Escribo tan sólo para mí.
No para una imagen digital decodificada,
o estampada en un papel;
ni para esa imagen simétrica,
que repite simétricamente mis gestos,
atrapada en un mundo mudo y bidimensional del espejo,
sino para **mí**
pues, a pesar de que tal vez ya **me** has visto
y coincidido **conmigo**,
no te has reconocido.
porque las apariencias engañan,
pues todo es falaz y fútil,
relativo o relativizable,
artificio e invento
menos, tal vez,
que yo
soy tú.

PRÓLOGO DEL AUTOR

El ser humano es en esencia un ser vivo sexual, lo cual significa que en algún punto de su evolución, sufrió una escisión de su ser completo y perdurable en dos partes imperfectas y efímeras, masculina y femenina, cuya fusión es necesaria para la subsistencia de la especie.

Desde ese mismo instante, la búsqueda de esa fusión fecunda con la otra mitad, constituye el objeto alrededor del que gravita nuestra esperanza de plenitud.

Eso que podríamos denominar la búsqueda de nuestro ideal de perfección, está en el origen de todas las manifestaciones artísticas y todas las religiones.

Para bien o para mal, por comunión o despecho, el amor rige nuestra existencia. ¿Qué es la ambición o el afán de notoriedad, de poder, si no una búsqueda infructuosa de esa plenitud?

El desamor excede al amor como el no ser excede al ser. Beduino del amor que recorre el inabarcable territorio de la incomprensión, el ser humano ha derramado ríos de tinta sobre éste último. No pretendo que las mías sean unas gotas más en esos ríos. Así, no escribiré sobre lo que le rodea y reclama su esfuerzo, sino sobre lo que es vital para el beduino. No sobre el imponente y vasto páramo del conflicto, sino sobre su espacio más íntimo. Nunca ha faltado ni faltará quien cante a ese épico océano de dunas retadoras, ni resulta imprescindible, pues la vida del beduino no depende de ese inmenso espacio incendiado de luz, sino del pequeño y escondido oasis donde el agua espera en la sombra.

INTRODUCCIÓN

Asceta: –La mayor prueba de amor es anteponer la felicidad de la persona amada a la propia. El camino de la perfección está en negarse a sí mismo para ayudar a los demás y tras él nos espera la recompensa del Cielo en la otra Vida que es eterna.

Autor: –Negarse uno mismo para ayudar a ser feliz al ser amado está muy bien, si no es a uno mismo a quien éste necesita para su felicidad. Estoy de acuerdo en que hay que procurar hacer el bien como nos gustaría que lo hicieran con nosotros, pero lo del Cielo… El Cielo está aquí en la Tierra y en esta vida. Sólo hay que encontrarlo.

Asceta: –¿Cómo puedes decir semejante herejía?

Autor: –Puedo decirlo con la autoridad que me confiere haber estado en él.

Asceta: –Lo que me faltaba por oír. Ésta es buena.

Autor: –Te lo contaré. Un día vi unos ojos luminosos y transparentes a través de los cuales se veía el mundo como en un espejo, pero idealizado. Algún tiempo después, un muchacho, que debía de ser un ángel por su curioso aspecto y aún más curioso interés que mostraba en hacer felices a los demás, me llevó ante aquellos ojos. Estaban muy abiertos y chispeantes, como si me estuvieran invitando a pasar al mundo ideal que se veía a su través. Después de muchas dudas y vacilaciones, me decidí a pasar y entonces, me encontré en el mismísimo Cielo.

Asceta: –¿Y en qué te basas para decirlo?

Autor: –Por la sensación de estar en total estado de Gracia. Además, en un instante tuve una revelación.

Asceta: –¿Qué revelación?

Autor: –De pronto tuve la absoluta seguridad de que no podía ser más feliz en ningún otro lugar. ¿No es eso una especie de definición del Paraíso?

Asceta: –Y en tal caso, ¿por qué te fuiste? ¿No ves tú la contradicción de tu disparatada historia?

Autor: –Por todas esas zarandajas que mencionabas del altruismo, o porque no pude creer que fuese merecedor del Cielo y recelé como lo hubieras hecho tú.

Asceta: –Y aún así, si te cercioraste de tu error, ¿por qué no volviste a entrar?

Autor: –Lo intenté. Pero aquellos ojos estaban anegados en lágrimas. El Mundo Ideal que reflejaran se había transformado en el mundo catastrófico que ha venido después. No pude pasar y aquí me quedé, en este mundo, que no debe ser otra cosa que el Purgatorio, añorando para siempre el Paraíso perdido.

Asceta: –Te he escuchado con paciencia y hasta con interés. Pero eso que me has contado no es más que un sueño.

Autor: –Estoy totalmente de acuerdo. ¿Qué es si no la vida? Escucha bien lo que te diré. Si alguna vez te sucede algo parecido y te ves viviendo en tal Sueño, aférrate a él de manera que sólo la muerte te despierte.

ARTE

El arte es una gruta repleta de las más sugerentes, impactantes, revulsivas, inquietantes, abrumadoras, conmovedoras, hirientes, seductoras, enervantes, embriagadoras, fascinantes, enternecedoras, espeluznantes, evocadoras…combinaciones de formas y colores.
Artista es quien tiene una linterna.

LA ESCRITURA EN VERSO

Merece atención el que, sin jactancia,
Intenta expresarse en verso elegante.
Gran trabajo da el salir adelante
Urdiendo estrofas de esta forma rancia.
El estricto metro exige constancia.
La rima pelea si es consonante.
Bonito es vencerla y así, triunfante,
Al contenido ceder su prestancia.
La forma será tan sólo la gracia,
La sutil manera con que se expresa
Ante los lectores, no sin audacia.
Recuerden su nombre si aquí confiesa
Ideas desprovistas de falacia.
No hay más propósito para esta empresa.

TESTIMONIO

Lo percibí intensamente.
Yo estuve allí con certeza
en plenitud de sentidos
y también de inteligencia.
Despierto y apercibido
como más, nunca estuviera.
Yo vi el amor hecho carne
y la carne hecha belleza,
en el aire frio y tangible
de la mañana serena.
La luz que entró por mis ojos
iluminó mi alma entera
con la claridad del día
y germinó mis quimeras,
que se hicieron esperanzas
de cristalina materia.
Aún ahora me pregunto
cómo sobreviví a ellas
desgarradas mis entrañas
por las agudas guedejas
que al romperse produjeran.
Ahora sé que el destino
me reservaba esta empresa.

Quizá fui único testigo
del prodigio hecho materia.
Preciso es que testifique,
que de fe de tal certeza,
a fin de que no se esfume
del todo tal evidencia
y florezcan esperanzas
de la dicha verdadera,
sobre la tumba fecunda
de mis esperanzas yertas.

DESDE MI DESTIERRO

INTRODUCCIÓN
TRISTE HISTORIA DE LA HUMANIDAD

Adán y Eva,
queriendo ser como Dios,
comieron del Árbol de la Ciencia,
por lo que fueron expulsados del Paraíso.
A partir de entonces,
arraigó en lo más hondo del ser humano
la convicción de que les era vedado alcanzar la plenitud
lo que, generación tras generación,
pondría de manifiesto con la frase:
"demasiado bueno para ser verdad".
Persuadido de haber sido desheredado,
se sintió desnudo, impuro,
rodeado de lo que ahora ya no le pertenecía y
se envolvió a sí mismo y sus "pertenencias",
llegando a idear la ropa con bolsillos.
Se inventó un nuevo dios
al que llamó Dinero
y en su nombre
compró, tasó y porfió en desmantelar y recrear
todo lo que a sus ancestros perteneciera,
el aire, el agua, la vida, el amor…
Continuamente insatisfecho,
acabó inmolándose por su nuevo dios.

Hijo del despecho,
huérfano de la dicha que no llegó a conocer,
abocado al sufrimiento,
el ser humano se aferró, hasta su trágico final,
al consuelo de ese fruto de la Ciencia y
fue capaz de crear innumerables y diminutos soles de
todo tipo y color,
que, aunque iluminaron sus noches, jamás consiguieron
arrojar luz en su tiniebla,
en la incapacidad de asumir
que el verdadero Sol,
ese magnífico astro,
sustento de la vida,
que se levantaba cada mañana sobre el horizonte
ofreciendo un nuevo día, un nuevo amanecer,
lo hiciera sólo para él.

P.D: Dios creó las aguas cristalinas y los humanos las residuales. Dios creó el aire diáfano y los humanos la polución atmosférica. Dios creó los bosques, productores de oxígeno y nosotros, humanos, los talamos y quemamos. Dios nos hizo iguales y nosotros, ricos y pobres, amos y esclavos. Dios creó el sexo y nosotros la prostitución, el matrimonio de conveniencia y la violencia de género.
En definitiva, Dios creó el Paraíso y en él nosotros construimos el Infierno.

INSATISFACCIÓN

La plenitud absoluta se encuentra
al otro lado del arco iris.
Puedes verla claramente,
e incluso acercarte a ella
hasta tocarla con la punta de los dedos,
pero se desvanecerá en el mismo instante
en que cruces el umbral.
Yo estuve allí,
bajo el dintel del arco iris,
gozando de esa plenitud
durante unos álgidos momentos, de gracia infinita,
con la inexplicada y certera intuición de que no podría
retenerla.

Así fue y así será siempre, pues
está en la condición humana
que nos resulte tan imposible
sentirnos dueños indiscutibles
de lo que veneramos fervientemente,
como venerar fervientemente aquello que creemos po-
seer.

LO BÁSICO

Resulta complejo desentrañar el origen último de nuestras acciones y pasiones.

Sabemos que las especies animales más próximas a la humana como los mamíferos, han sobrevivido durante milenios merced, en parte, a unas pautas de conducta llamadas instintos.

Podemos aseverar que la unidad mínima para la pervivencia de dichas especies es la pareja, cuyos individuos no son autosuficientes en los primeros estadios de vida y, por ende, que el deseo y la ternura son impulsos tan básicos para su conservación como el hambre y la sed.

Autor de las mayores grandezas y miserias,
el humano
es un ser en constante conflicto con su propia esencia.
Tan capaz de reinventar sus anhelos y
concebir las más extrañas formas de satisfacerlos,
como incapaz de comprender que
esos anhelos existen precisamente
en función del objeto de los mismos.
Tan capaz de concebir los más insólitos y variados artilugios
que disponer a su capricho,
como incapaz de asumir que la rosa
que despliega al amanecer
ese exquisito artificio de aroma y color,
está ahí
para
colmar de goce sus sentidos.

ANSIA

Una a una van ardiendo las hojas del almanaque
sobre la ceniza del pasado
con el verde azulado fulgor de la esperanza,
vivo como el deseo,
trémulo como la dicha.
Somos noches
que persiguen a tientas la mañana,
oscuridades ávidas de la luz dudosa
de un sueño acariciado entre tinieblas,
anhelos que buscan acomodo
en las páginas
de una agenda repleta de borrones
de rutina y desencanto,
mensajes de naufrago en océanos de infortunio,
quimeras expectantes de unos brazos solidarios,
aspas al viento de pasiones confusas
enredadas al fin
en esas hojas que se desgajan,
una tras otra,
del almanaque del tiempo.

DEUDA DE BELLEZA

Quisiera devolverte el hechizo
de aquellos ojos luminosos,
soñadores,
con que me abriste tu puerta;
el fulgor de aquellos ojos chispeantes,
de niña traviesa,
con que me la cerraste.
A todas luces,
no pudiste verlos
reflejados en los míos.
Quisiera mostrarte
aquel gesto altivo,
aquella furtiva mirada lánguida;
el rostro angelical de serena y dulce expresión
con que dormías,
pues sé que no pudiste contemplarlos.
Pero ¿cómo podría transmitir toda esa maravilla
con mis torpes maneras y rudimentarios instrumentos?
Bien sé que la llevaré conmigo hasta la tumba.
Es el sino de la belleza
que se derrama o regala generosa e inconsciente
como brinda su verdor la hierba,
como ofrece el arroyo
el canto melodioso de sus aguas,
como difunde su aroma la rosa;
para acabar encerrada en lo más hondo de la memoria
de quien la persigue y atesora.

P.D: *"La belleza no mira, es mirada"* Albert Einstein

LLUVIA EN LA CIUDAD

Noche en la ciudad de la luz
noche en sus entrañas.
Noche gris oscura.
Un sucio gris lo envuelve todo.
Un gris indefinido, de locura,
de hollín, de humo, de piedra,
de asfalto, de basura…
Sólo la lluvia canta en la ciudad oscura.
Y canta, canta y canta
persistente, fresca, sonriente,
suave, tierna, niña, pura:
−¡Ciudad, vístete de verde,
de flores, hiedras, hierbas juntas!
¡De musgos cubre tus piedras,
tus tejados, tus negruras.
Que pajarillos cantores
y olor a tierra mojada,
saludarán la mañana
al desperezar las flores!
La ciudad vuelve la espalda
y en su noche se sumerge.
¡Noche! Que noche te espera.
Noche que noche sin muerte,
noche, sin muerte no hay vida.
Noche, sin vida no hay muerte.
¡Eternamente te pudras
en tu miseria de siempre!
Putrefacta, no se pudre
putrefacta, no da verde.

La lluvia al fin se retira
con un suspiro impotente.
El agua pasa por alto
puesto que entrañas no tiene
que nació desentrañada.
Ciudad de gris insolente

"UN LUGAR EN EL SUR"

Hay un lugar en el sur
donde la vida se queda.
Donde florece la rosa
ante la nieve perpetua.
Donde vive la poesía
en un gesto, en una hiedra…
Donde las fuentes murmuran
cantares de amor sin tregua
y un chiquillo solitario
le canta a la Luna llena
que se mira en el espejo,
plata fluida, de una alberca.
Hay un lugar en el sur
en que el aire es una fiesta
de aromas de pino y rosa
de mirto y de yerbabuena
donde la belleza mora
ya escayola o ya piedra,
brisa, sombra, fuente, luz,
marfil, madera y espera
en una torre, en un patio,
en un jardín o una vega,
a cautivar tus sentidos
más que a impactarlos siquiera.
Hay un lugar en el sur
que atrapa el alma con fuerza
donde callan las palabras
cuando las miradas suenan.

EL ENGAÑO

Quien miente, quiere engañar
y el que dice la verdad
puede engañar sin querer;
que una cosa es explicar
y otra distinta, entender

EL ERROR

La falacia por verdad
toma con frecuencia el necio.
Y la verdad por falacia
quiere tomar el soberbio.
Ambos hechos, uno en otro,
bien se pueden solapar;
que suelen ir de la mano
soberbia con necedad.

LA VERDAD

No viene por el camino de la creencia
sino por el de la experiencia,
a menudo alejado de aquel,
y, casi siempre tarde,
nos alcanza en el cruce de la constatación.
Aparece desde la oscuridad,
moviéndose
con la seguridad de quien
viene de vuelta,
cuando la fiesta ha concluido
y muchos invitados se han ido,
de modo que no todos
llegan a verla.
Y de los que la ven,
muchos no la reconocen,
pues no aguantan
su mirada profunda,
intimidatoria,
su verbo breve,
sin atisbo de condescendencia;
de modo que resulta
descarnada para el idealista,
fantástica para el timorato,
insultante al engreído,
excesiva al descreído,
y para el racional, subrrealista.
Y es que ella no es subjetiva.
No necesita un motivo
para estar…
Simplemente está.
Viene sin ser invitada

y nos encuentra sin buscarla.
A quien se busca, es a la mentira.
Ella es la estrella,
porque siempre está
donde la queremos encontrar;
y porque siempre
depositamos en ella
alguna mezquina esperanza.
Por eso…
cuando se ha perdido la esperanza
aparece la verdad.
Claro que la esperanza
es lo último que se pierde.
Por eso…
la última…es
la hora de la verdad.

LA MENTIRA

La mentira es un muro de papel
que puede ocultar la verdad,
pero no nos protege de ella.

"Si esta copa se rompe en mis manos, nunca más beberé en ella" A. Machado

SEGUNDA OPORTUNIDAD

La vida es una oportunidad irrepetible
en su conjunto y en cada uno de sus momentos.
En definitiva, la vida es una sucesión de
momentos irrepetibles.
No intentes vivir mirando atrás.
Siempre hay otra oportunidad,
pero nunca,
una segunda oportunidad.

¿ES POSIBLE?

De niño no dejaba de hacer y hacerme preguntas
con el anhelo de conocer todas las respuestas.
Vivía en un mundo de fantasía
habitado por el ratoncito Pérez y los Reyes Magos de Oriente
que llevaban obsequios a todos los niños del mundo.
Pero surgió la pregunta.
¿Es posible?
Tras aquellas primeras decepciones, la duda lo impregnaría todo.
¿Es posible la vida después de la muerte?
Me empapé de teorías, pululé por los caminos de la lógica
pero no satisfecho con las respuestas,
siendo aún muy joven, experimenté el acre sabor
de dar una explicación piadosa.
Volqué todo mi interés en lo vivo y lo palpable,
en aquello que se puede medir,
pero no tardaron en asaltarme otras dudas.
¿Es posible superar los límites que nos impone nuestra naturaleza animal?
¿Atravesar en el barco de la bondad el espacioso mar de la iniquidad?
¿Es posible sostener la vida a medio plazo
sin replantear el progreso?
Me empapé en las fuentes de la ciencia,
pero los números y las experiencias
se mostraron concluyentes.
Las respuestas fueron desoladoras
y enmudecí.
No más mentiras piadosas,
y que el sosiego del otro descanse sobre mi zozobra.

Asumí el error de principio y
decidí cambiar las preguntas.
¿Es posible la vida antes de la muerte?
¿Es posible el presente y el futuro inmediato?
¿Es posible llenarse de la fragancia de las flores,
de la brisa fresca de la mañana,
del canto de los pájaros y el murmullo de las aguas?
¿Es posible descender las más altas cumbres
deslizándose sobre la pendiente?
¿Es posible navegar con las alas del viento
y a lomos de las olas?
¿Es posible amar y ser amado?
Puse mis hipótesis sobre la mesa y me dediqué a contras-
tarlas,
poniendo en ello todo mi empeño,
por el método científico, inductivo-deductivo
de la experimentación.
Y los resultados no pueden ser más alentadores
si bien pienso seguir investigando,
creo conocer alguna respuesta.
¡Es posible!

CONSEJO

El cerebro tiene todos los cómo
pero ningún por qué.
No te preguntes por qué y ama
¿Cómo?
Con pasión, francamente,
con locura, sinceramente,
con delirio, acaloradamente,
con ansia, enteramente,
sin violencia, suavemente,
sin cesar, constantemente,
sin medida, absolutamente,
con ahínco, tenazmente.
Con dulzura, tiernamente,
sin condiciones, libremente
con audacia, valientemente,
sin pensar, ciegamente
sin cesar, eternamente.
Pregunta a tu corazón
si quieres porqués
porque te deseo,
porque te quiero
porque te necesito,
porque eres mi cielo,
porque sin ti todo es frío
porque te amo como eres.
Porque sin ti estoy perdido,
porque sin ti me falta el aire,
pues te he de dar lo que quieres,
No preguntes el porqué y ama,
con todo tu corazón… amor.

REFLEXIONES

PRÓLOGO DE LA SEGUNDA PARTE

"El camino más corto para conocerse a si mismo, da la vuelta al mundo".
Confucio

MAESTRO SHAOLÍN: –Eres un elegido. Has asimilado todas las enseñanzas y superado todas las pruebas. Ha llegado el momento de que abandones nuestra tutela y emprendas tu periplo por el mundo, para que aprendas a conocer profundamente al ser humano.

DISCÍPULO: –Y, ¿cómo lo lograré, maestro?

MAESTRO: –Alcanzando el conocimiento de ti mismo.

DISCÍPULO: –¿Cuál es el camino más recto para ello?

MAESTRO: El camino más corto para conocerse a sí mismo da la vuelta al Mundo. Pues sólo viendo las muy diversas formas en que se manifiesta el ser humano aprenderás a distinguir lo esencial de lo superfluo tanto en los demás como en ti mismo y, mirando en su interior, aprenderás a conocerlos y a conocerte, pues todos los seres humanos somos, en el fondo, uno sólo.

DISCÍPULO: –¿Cómo sabré si lo he logrado realmente?

MAESTRO: –Cuando vayan a buscarte para ocupar el puesto que ahora ocupo y regreses aquí, abrumado por el peso de los años, mirarás tu rostro envejecido en este estanque como lo miras ahora y exclamarás para ti mismo: "¡Ya lo sabía! Pero ha sido necesario este viaje para cerciorarme". Emprende pues tu camino, mantén tus sentidos despiertos y tu mente lúcida y no temas extraviarte pues el camino de la sabiduría discurre invariablemente del conocimiento a la certeza.

> "¿Qué es la vida?
>
> –Una ilusión"
>
> Calderón

> "Pero lo nuestro es pasar"
>
> A. Macado

¿QUÉ ES LA VIDA?

No sé de dónde vino esa expresión,
quién la pronunció, referida al amor
en el estúpido intento de subordinar dicho amor,
cuyo objeto trasciende la vida individual,
a ésta misma.
Pero el tiempo fue pasando
y las vivencias, como pinceladas,
perfilando ese cuadro de la existencia
hasta llegar el momento en que intuí su sentido global;
y aquella, en su original contexto, desatinada reflexión,
se me reveló de pronto
como la más lúcida definición de la vida.
La vida es, sin duda
"una ilusión pasajera".

¿QUÉ ES EL AMOR?

¿Un sentimiento?
¿Una neurosis obsesiva?
No.
El amor es una esencia vital poderosísima
capaz de transformar una fría tarde de niebla invernal
en la más luminosa mañana de primavera.
Capaz de convertir cada minuto de nuestra vida,
en la más maravillosa de las experiencias
o la más espantosa de las torturas.
Descubrir el amor es como nacer a la vida.
Igual que el niño abre por primera vez
los ojos asombrados al mundo,
Abre el enamorado los ojos al amor,
maravillado, extasiado, absorto.
¿Cuál de los dos nacimientos es más importante?
¿Fue antes el huevo o la gallina?
Dos preguntas sin respuesta.
Pues, si bien es cierto que es condición necesaria,
nacer a la vida
para poder nacer al amor,
también lo es que nadie recuerda esa experiencia,
en cambio la otra constituirá el más imborrable recuerdo
y ya nada volverá a ser igual
llenará o vaciará de sentido la vida, y
cada aliento del resto de ella
será un hálito enamorado
o un bufido despechado.
Y todo el Universo tendrá sentido
y los astros girarán por amor
y la hierba crecerá por amor
y el sufrimiento y la muerte

tendrán sentido y dulce consuelo en el amor.
O el Mundo será un castillo construido con mentiras
para protegernos del terrible abismo de desamor
que habita en nosotros.
Y la vida será un miserable acto de cobardía
al que sólo la muerte pondrá fin sin pena ni gloria.
O la vida será un acto de amor
y de espera ilusionada de la definitiva fusión
con el ser amado.
Y quienes no amen, nos mirarán desconcertados
dejar la vida con la sonrisa en los labios del que contem-
pla, ya para siempre,
el rostro indescriptible de quien le dio sentido.

P.D: *"He estudiado religiones comparadas de todo el mundo y todas llegan al mismo lugar: el amor"*
William Richards

LA BELLEZA

Me encuentro con un común compañero
de aquellos tiempos.
Me dice que te vio y que tu belleza se ha marchitado.
Intuyo que quiere consolarme y,
en su piadosa intención descubre
que desconoce el verdadero amor.
Yo sé bien que no eres una bella. Nunca lo has sido.
Tu eres la Belleza. Marchitar pierde sinsentido.
Nada digo.
No pretendo que me entienda.
¿Entenderá qué es la vida el que aún no ha nacido?
¿Entenderá qué es el blanco el que no ha visto la nieve?
¿Entenderá qué es la Belleza el que jamás ha vivido
un amor como este mío?
Sólo pretendo que entiendas,
que es verdad esto que escribo.

El ORGULLO

Adolescente, caí patinando y me golpeé el orgullo donde acaba la espalda.

Ya mozo, en una pretendida lección de tiro, erré el blanco hiriendo mi orgullo a muchos metros de mis narices.

Pero fué en una observación astronómica colectiva, en la que hube de reconecer con rubor la confusión entre dos estrellas distantes millones de años luz cuando constaté la inmensa magnitud de mi orgullo.

P.D: Por desgracia para los insignificantes seres humanos, nuestro orgullo suele ser tan hipertrófico que condiciona completamente nuestra existencia.

EGOÍSMO

Sorbí todo el aire a tu alrededor
y tu fragancia hasta la última gota.
Acopié hasta tu afición más ignota
de tu sensibilidad sabedor

Y de tu hermosa voz admirador
guardé yo en mi memoria cada nota.
Recogí hasta la frase más remota
de tu ingenio, del me hice portador.

Bien sé que te perdí en el mismo instante
en que tú llegaste al convencimiento
de que ni resultar extravagante

pudiese yo, tal vez en un momento,
siquiera imprevisible por delante,
de mí surgiese nunca un pensamiento.

P.D: *"No se ama a los sumisos, simplemente se les quiere"*.
Germán Coppini

LO FÍSICO

Cuerpo con cuerpo encajaron
como en un puzle dos piezas.
Los jadeos entonaron
del goce todas las letras
y por su rostro pasaron
las mil caras de placer.
Y entre ellas, por un momento,
vi tu faz aparecer.

LO ESPIRITUAL

"CARTA DE ARES AFRODITA"

He luchado en mil batallas.
He escapado a mil traiciones.
He sufrido mil derrotas.
Y nunca flaqueó mi brazo.
Jamás decayó mi ánimo.
Firme resonó mi voz.
Ni en el amor ni en la guerra
busqué jamás, por mi honor,
del adversario la espalda.
A los miserables hombres
fui fiel y, sin concesión,
cumplí con mi arbitraje.
Bien he visto que mi ejemplo
fue tenido por banal.
Y las reglas se rompieron
de modo muy general.
No importa pues yo cumplí.
Puedo sentirme orgulloso.
Ciando perdí salí airoso
y las veces que vencí
compensaron el destrozo.
Solo cuando te perdí
sentí el puñal doloroso,
el ánimo huyó de mí
y el cetro recogí roto.

EL FLECHAZO

La tarde se pintaba
de añil y plata.
Tus cabellos jugaban
con luz dorada.
Tus ojos esparcían
la luz mas blanca
y el mundo sonreía
tras tu mirada,
sinfonía de ensueños,
cuando te vi.
Mil pájaros cantaban
dentro de mi alma.
Oí campanas de fiesta
que repicaban,
entre el olor de rosas,
tierra mojada…
que legó la tormenta
a la bonanza
de tarde esplendorosa,
lírica y mansa.
Te vi y entendí entonces,
de forma clara,
al fin, qué es la Belleza,
y qué es la Gracia

LA VOZ

Tu voz…
susurros del viento en un bosque de hayas.
Tu voz...
cadencias y ecos de las olas mansas.
Tu voz…
vive en mis sueños y aflora en mis ansias.
Ahora sé que es tu voz
eso que siento cuando vibra mi alma.

LOS OJOS

Esos faros
que deslumbran mi camino
son acaso los espejos de mis ansias.
Metáforas de luz,
analogías de lucero,
tus cristalinos ojos
son como profundos
estanques en cuyo fondo
habitan las utopías
¡Ay quién pudiera
ser el guardián
de sus secretos.
Nadar hacia la luz
de su alegría,
bucear en la tiniebla
de su pena!
¡Ay quién fuera dueño
del mágico deseo
que encender puede
la fulgurante chispa
que en ellos destella!

EL NOVIAZGO

Si tú fueras mi novia,
yo sería tu novio
y, cogidos de la mano,
pasearíamos por la alameda
siguiendo las huellas
de antiguos amores.
Si tú fueras mi novia,
yo sería tu novio
y te diría al oído
palabras ardientes
que brotan del alma,
como brota la flor de la tierra.
Si tú fueras mi novia,
yo sería tu novio
y en la corteza
de un olmo centenario,
quedarían grabados
un corazón, dos nombres
y una flecha.

FIDELIDAD

Tú eres mi norte y mi estrella,
el honor del samurái,
lo más valioso que hay,
mi verdad y mi quimera.

Eres el premio que anhelo:
el laurel del ganador,
la suerte del jugador,
la victoria del guerrero.

En ti creo y a ti quiero.
Tú das sentido a mi vida.
Lo demás todo es mentira,
alhajas de bisutero,

artificio y vanidad.
Y, así el oropel deslumbre
o bien todo se derrumbe,
aquí me vas a encontrar,

en la luz u oscuridad,
ten completa certidumbre,
al calor que no sucumbe
de la auténtica amistad.

LA JUVENTUD

No éramos nada,
sólo personas capaces de serlo todo.
No teníamos nada,
sólo generosidad, sinceridad, agilidad mental y física.
Con el tiempo fuimos
adquiriendo bienes, títulos,
escalando posiciones,
progresando.
No éramos autónomos,
sólo libres de amar y de soñar.
Apenas teníamos orgullo,
sí no el indómito impulso de superar, incluso nuestras
propias pasiones.
Éramos, en fin,
como un valle virgen
al que no ha llegado
ninguna carretera,
ningún camino.
Con sus desaprovechadas y risueñas fuentes
de agua cristalina.
Con sus desordenados bosques
en los que sólo habitan los pájaros cantores.
Antes…
de que lo pusiera en valor
la mano firme del progreso.
El eterno regreso de la catástrofe.

LA MADUREZ

Se apagaron las luces del escenario,
se recogió el decorado y bambalinas.
La platea y los palcos están vacíos.
Se acabó la función, todo termina.

Tan sólo el Tiempo espera, allá en una esquina,
que se apaguen las luces de mis recuerdos.
El despiadado Cronos que todo arruina,
ha de echar el telón cuando estemos muertos.

Mas he de gritar alto desde estas rimas
que me amaste y yo te amé, todo tan cierto
como la luz del Sol que nos ilumina
y que no hubo un amor más puro y severo.

Nací y amé. ¿Cómo arrepentirme de ello?
Mas, bien sé que todo en el Mundo se paga.
Sé que el precio de nacer es el morir
y el de amar, a menudo es sentir, cual daga,

la ausencia del ser amado y aún vivir,
arrostrar la herida, medio desangrado,
y sentir el dolor o ya no sentir.
Por el primer pago seré liberado.

LA SENECTUD

Así como el tránsito de los años erosiona
lo frágil del cuerpo,
la permanencia de los recuerdos hace mella
en lo recio del alma.
Envejecer
no es solamente acatar
el inapelable veredicto del espejo,
engrosar el inventario de calendarios obsoletos,
palpar las cicatrices de los hechos consumados
y las heridas del tiempo en la piel.
Envejecer es, ante todo,
sentir el acusador dedo
en la llaga de la omisión irremediable,
dejar atrás ilusiones y esperanzas,
cambiar proyectos por nostalgias,
presencias por ausencias,
vivencias por recuerdos,
hundirse,
lentamente,
bajo el peso de las sombras.

LA VIDA

Aunque lejos de ti,
he vivido contigo.
He escuchado tu nombre
en el gorjeo de pájaros,
en el sonido del viento.
Me han llegado tus susurros
con el rumor del agua
o del viento entre las frondas.
Y es que a veces, la Naturaleza
se muestra tan bella
que me recuerda a ti.
He amado a la Naturaleza
y ella me ha correspondido.
He flotado ingrávido, etéreo,
sobre el sutil manto
de la nieve no hollada,
sintiendo tus delicadas manos
imprimir sobre mis hombros
el dulce balanceo de aquella tarde
en que me enseñabas a bailar.
He cabalgado a lomos del viento,
por mares y lagos
salpicándome de ti
mojándome de ti,
sintiendo tu aliento en mi espalda
o tu cabellera secar mi rostro;
pues estabas en el agua,
en la brisa y en el sol, y…

al igual que el embravecido mar,
con incontenible violencia,
destroza la embarcación contra las rocas
y, una vez extinguida su furia,
deposita mansamente sus restos
en la mullida arena
y, entre dulces arrullos,
delicadamente los lame,
mi alma, hecha añicos por tu desdén,
encontró siempre una recóndita cala
donde sentir cómo tus dorados cabellos
tiernamente la secaban
al amor de tu aliento.

LA MUERTE

Siento acercarse el final de mi febril carrera.
El invencible Tiempo, derrocador de imperios,
el que adorna su yelmo con emblemas que fueron de
reinos y sus grebas
con los de quienes pretendieron dominar el mundo
ese del que nunca se ha dicho que haya dado un paso atrás
y ante el que ninguna espada se levantó jamás victoriosa,
ha recorrido ya la mayor parte del dilatado trecho que me
concedió Fortuna.
Oigo ya sus firmes pasos retumbar en el suelo
con su implacable cadencia.
Saldré a recibirlo con la dignidad de un hijo de la Tierra, y
aunque una vez, despechado de ti, Amor, desprecié la vida,
la defenderé con ahínco hasta la muerte
invocando tu nombre.
Porque sólo tú que la renuevas,
conseguirás que permanezca
después que caiga, en este lance sin salida.
Quiero que me entierren donde la naturaleza florezca
y las flores esparzan su perfume
como sensible homenaje
a ti amor, cusa y alegato de la vida.

SENSACIONES

Nuestros sentidos nos permiten percibir algunas aspectos de lo que han sido las cosas. Así vemos la luz que emitieron las estrellas hace millones, cientos, decenas de años, o hace ocho minutos en el caso del Sol. Podemos oír la explosión acaecida a un kilómetro, después de tres segundos, u oler la fragancia que ha dejado en el aire una flor, hace un instante. Podemos degustar el dulzor de un grano de uva inmediatamente después de aplastarlo con nuestros dientes.

¿Acaso sólo el tacto nos permite la conexión sincrónica con el objeto?

Haz la siguiente prueba: acaricia con la yema de los dedos una pompa de jabón. En el instante en que percibas su tersura, ya habrá dejado de existir.

Nuestro conocimiento transita entre la consciencia cognitiva de lo que es y la constatación perceptiva de lo que ha sido. Por ello, hablar de certeza es hablar de memoria. En ella se encierra toda nuestra verdad.

Estas son memorias de un náufrago en el mar de las quimeras, arrojadas en una botella desde la recóndita isla de la madurez con la sola esperanza de que alguien se reconozca; ya que las palabras, como último eslabón del razonamiento, llegan inexorablemente tarde para quien las busca en su interior y se convierten en epitafio de sus obras.

HISTORIA DEL NÁUFRAGO

Nació en un rico y bello país, creció y se formó fuerte y culto, y la vida le colmó con sus bienes hasta alcanzar muy pronto todo lo que podía desear. Pero no se resignó a ser feliz. Convencido de que sólo se puede tener lo que se merece, se hizo a la mar en busca de las dotes que le hicieran merecedor de, siquiera una parte, de la felicidad que se le ofrecía. El proceloso océano de la vida torció su ruta por creer que podía controlar todos los vientos. Y así, náufrago y sin nave, recaló en una isla lejanísima, asumiendo que jamás podría volver a su edén.

Rehízo su vida en esa isla que fue su hogar. Mas un día, de entre los restos del naufragio, tomó en sus manos una botella de licor de la que un día fuera su tierra. Cuando la abrió el ancestral aroma le envolvió, anuló su voluntad y, como poseído, apuró su contenido hasta la última gota. Bebió aquel dulce elixir y, como el heroinómano que tras largo tiempo de abstinencia recae y tarde advierte que su cuerpo no soporta ya la dosis, cuando aquel veneno de la nostalgia inundó sus venas, juzgó llegada su hora. En un etílico frenesí escribió estos papeles y rellenó con ellos la botella, y con ella en la mano, maquinalmente, se dirigió andando en la noche al más alto acantilado de la isla y, en el mismo instante en que pudo vislumbrar a lo lejos la inalcanzable línea en que se funden el cielo y el mar, como movido por un resorte, se lanzó a la carrera hacia linde de esa inmensidad y... lanzó hacia ella, con todas sus fuerzas, la botella.

Al fin,

en un rincón de la memoria de todo ser humano,
existe un lugar:
en la cima de una soberbia montaña o en una pequeña
bodega, sobre un podio o bajo un sauce,
en olor de multitudes o en un rincón desierto.
Un lugar que fue testigo de aquel fugaz instante de pleni-
tud, de dicha absoluta.
Un lugar que será
la última morada de su alma.

DESPECHO

Cuando quise apartarte
fingí desprecio.
Las lágrimas llenaron
tus ojos bellos
y saetas dolorosas
para mí fueron
esos ojos llorosos
de desconsuelo.
Aguanté yo aquel dolor
por mucho tiempo
mas finalmente cedí
perdí el gesto
y mis fuerzas flaquearon
en un momento
sentí en mi interior abrirse
vacío inmenso
y un dolor que me quemaba
como un fuego.
Aquel dolor no cesaba,
rendía el pecho.
¿De ningún modo podía
hallar consuelo?
Sin duda fue por mi orgullo
que perdí el seso
abrazándome al mezquino
y ruin consuelo
de tus lágrimas bañando
pálidos restos.

Mas al punto la fortuna
quiso con celo
evitar que cometiera
tal desafuero
de provocar con mi muerte
tu sufrimiento.
Sé que he de morir un día
¿Evitar puedo
el destino que el humano
tiene bien cierto?
Mas no se aneguen tus ojos
ni un momento
por causa que provenga
de mi despecho.

TÚ Y YO

He colocado sobre la mesa las tazas
de aquel viejo tú y yo.
He llenado la mía
hasta el borde
y he saboreado ávidamente los recuerdos.
Tú y yo, ¿uno sólo?
Extraño prodigio de la matemática.
Tú y yo, y él.
¡Qué evocadora, esa singular
enumeración de los pronombres!
Tú y yo y el Mundo,
el amarillo sol de atardecida,
el bramido del viento entre las cumbres,
el fulgor de luz sobre las aguas quietas.
Vuelvo a recorrer esos caminos
que el viento azota silbando tu nombre,
mientras los alfombra de vida obsoleta.
Camino silencioso en tu sonora presencia.
Cesa el viento y oigo crujir bajo mis pies
las hojas muertas.
Es el sonido de la vida que se queda en el camino.
Llueve,
como si el cielo acompañara mi nostálgica tristeza
llorando la dorada belleza que en la tierra queda.
Mas es un llanto fecundo, que promete
otro verde esplendor de primavera.
Vuelvo a casa enjugado en la lluvia mi estéril llanto.
Tu taza está vacía, nunca la llenaste.
Fuiste a colmar tus ansias a lejanas tierras.
Nunca creíste en mí, ni yo tampoco.
Tan poco dura una vida que parece un sueño.

¿Acaso fue real la juventud perdida?
Tan solo soy consciente de aquel amor tan cierto,
que despierto acaricié, en este sueño de la vida.

IDENTIDAD

Soy peregrino del Mundo,
que a su vez gira sin tregua
por el espacio infinito
que jalonan las estrellas.
De ese Universo en el centro
me siento, si tú estás cerca.
Mi patria está donde moras,
mi corazón donde alientas.

LA LUZ DE TU MIRADA

A la luz de tu mirada
vislumbré el cielo.
Tus ojos me esquivaron,
oteé el infierno.
Cuando no haya en mis ramas
más brotes tiernos,
y ya todo lo nuevo
me suene a viejo.
Cuando hayan caducado
todos mis sueños,
y ya las ilusiones
sean recuerdos.
Cuando de las heridas
no brote luego
el cristalino jugo
de los renuevos,
y éste emprenda a las raíces
viaje postrero;
ya nadie busque sombra
bajo los restos
de aquel árbol frondoso
en otros tiempos,
pues sólo un espantajo,
nudoso y seco,
quede de lo que fuera
porte altanero,
y sólo sea un estorbo
junto al sendero,
la luz de tu mirada
brillará aún dentro.

Cuando cedan al hacha
mis hueros restos
y se vayan en humo
del rojo fuego,
dejando en las cenizas
indicio incierto,
la luz de tu mirada
se irá con ellos.

"El ojo no olvida lo que el corazón vio"
Proverbio africano

ÚLTIMO ADIÓS

Pronunciará el bronce
la última palabra.
Ya no habrá reproches,
ya no habrá nostalgias,
falsas esperanzas,
ni palabras tiernas,
ni palabras agrias
del atribulado
que estará ya en calma.
Sonará profunda,
con su voz metálica,
recorriendo el aire
de una tarde parda,
sembrando el silencio
con su veterana,
siempre inoportuna,
voz autoritaria,
zanjando al instante
discusiones vanas
que trae la vida
entre afanes y ansias,
acallando voces
de pleitos y chanzas.
Las caras severas
volverá sin falta
del cortejo en tanto
suene en lontananza.

Un escalofrío
recorrerá espaldas
cuando hiera el aire
como fina daga
su timbre brillante
que a todos espanta.
Se habrá abierto el tiempo
sin hoy ni mañana
cuando suene aguda
con su voz tan clara
la lengua de bronce
de esa campana.

EL ADIÓS

Aquella frase…
silbó en el aire como una espada
y cortó el hilo del que colgaba
mi alma blanca, casi pueril.
Sentí el vacío que me dejaba
hueco por dentro, pues se marchaba
aquel espíritu tierno y febril.
Quedé erguido sobre la plaza
igual que un toro tras la estocada,
sin doblar patas o bien cerviz.
Ni una mueca dibujó mi cara,
ni una lágrima fue derramada,
ningún suspiro salió de mí.
Ilusionada como estabas,
no reparaste que allí dejabas
aquél cadáver perdido al fin.
Te vi alejarte con esa gracia
indefinible, sin arrogancia,
que sólo he visto surgir de ti.
Y, puesto que yo bien te amara,
aquel instante, de buena gana,
quise desear que fueras feliz.
Mas no encontré en mí sentimientos,
Júbilo, rabia, ternura o celos.
Ninguna pasión sentí fluir.
El corazón, en el vacío,
atribulado, sólo y perdido,
con eco sordo, noté latir.
Miré adelante sin esperanza.
La tarde aciaga se desangraba
tiñendo el cielo de carmesí.

Con áspero nudo en la garganta,
seguí andando como un autómata,
palpando en vida lo que es morir.

SINGLADURA

Rompiste amarras y te hiciste a viento,
echaste el lastre de tu frágil barca,
pusiste rumbo a nuevos horizontes,
alta la frente y limpia la mirada.

No volviste atrás tu faz adorada,
al puerto perdido allá en lontananza,
donde tu presencia todo lo llenara.
Dejaste vacío lo que te rodeaba.
¡Así tengas viento propicio a tu espalda
y el amor te impulse a un puerto salva,
donde no se vuelvan a frustrar tus ansias!

MIGRACIÓN

No voló en vano la paloma
surcando el cielo de su hermosa patria.
No voló en vano la paloma
entre montañas de recuerdos
y sobre valles de nostalgias.
No voló en vano la paloma
hacia el añil que el horizonte traza,
batiendo el aire sus frágiles alas,
con rumbo cierto al mar de la Esperanza.
Dichoso vuelo el de la paloma
sobre campos de bronce y ríos de plata.
Venturoso vuelo el de la paloma
por el ancho cielo que al Mundo abraza.
Fructífero vuelo el de la paloma,
puesto que era el amor el que aguardaba.

AUSENCIA

Aquí quedé triste,
ya sin esperanza,
escuchando al viento
relatar tu audacia,
fingiendo el olvido,
guardando constancia
del tiempo vivido
cuando aquí estabas,
en lo más profundo
de mi alma rancia.

Ya nadie recuerda
que aquí moraras.
Ya corren los hijos
de quienes no andaban
aún entre nosotros
cuando tú marcharas.

El progreso enfermo,
que todo lo arrasa,
ha borrado incluso
muchas de las trazas,
recodos y piedras,
suelos y fachadas
que fueron testigos
de toda tu gracia.

Un día el viejo loco
gritará por plazas,
rincones y calles
por los que pasaras,
a los cuatro vientos,

tu nombre con rabia,
causando sorpresa,
ira, miedo o lástima;
ahíto de ausencia,
ebrio de añoranza.

RESIGNACIÓN

Me asomo a ese balcón de la memoria
que va cubriendo el polvo del olvido.
La tarde se diluye entre las sombras
que ofuscan la razón de lo vivido.

Borracho de ilusiones y esperanzas,
corrí por los senderos y caminos
donde acechan dolor y desencanto
a cada curva incierta del destino.

A la luz decadente de la tarde,
quiero velar mis sueños fenecidos.
Si la noche me cubre con su manto,
descansaré junto a ellos acogido.

REMORDIMIENTO

Aquel instante infinito
de álgida gracia.
Aquel sueño de amor vivo
que tú soñaras,
es este agudo cuchillo,
que me apuñala,
desde ese rincón maldito
de la nostalgia.

NOSTALGIA

Resulta más indeleble
el Rasguño de la rosa
que su aroma.
Acaso es la nostalgia una
herida abierta en la piel
de la memoria.

EPÍLOGO

El mayor de los pecados
es no creer en sí mismo.
Yo pequé y sufrí por ello
el mayor de los castigos.

POETAS

Al igual que un chatarrero de la electrónica
dedicado a extraer información de los ordenadores inser-
vibles o desechados
y almacenarla
con el fin de que no desaparezca ninguna,
el poeta repasa el disco duro de su existencia,
rebuscando lo más significativo
de sus vivencias y emociones
antes de que,
irremediablemente,
desaparezcan con él.
Uno y otro pondrán especial atención en recuperar
de la ingente información,
lo que pueda haber de original u inédito.
Con todo
uno y otro
darán por cumplida su labor pese constatar
que ninguna información realmente insustituible
se pierde en el disco duro de un ordenador y,
que el ser humano,
con sus pasiones y pulsiones, temores y esperanzas,
no ha experimentado
nunca
un cambio sustancial.
Que, por más que cambie su apariencia,
su esencia permanece inmutable.